리디아에게로 가는 길

4

리디아에게로 가는 길

강희근

현대시학 기획시인선

ㅎ|ㅅ

차례

✻ 시인의 말

1부 어느 자화상

어느 자화상	14
주말	16
리디아에게로 가는 길	18
범종소리	20
소리	22
가회를 지나며	23
김삿갓면 와석리에서	25
보리밥집 풍경	26
수성못	28
시락국	30
부음	32
경남 과기대 앞에서	33
노안당	35
이형기傳	38

2부 밀다원 다방

한때	44
밀다원 다방	46
비토섬에서	48
성평리에 가서	50
구상	52
석하 선생	54
목동 시대	56
오늘의 강의1	57
오늘의 강의2	59
혹,	62
인삼랜드	64
도쿄대학에서	67
도시샤대학교에서	68
우지강 아마가세 구름다리	69
교토 시모가모 경찰서	71
교토 조형예술대학	73
후쿠오카 감옥, 그리고	74

3부 혜화동 로타리

돌아오기	78
혜화동 로타리	80
약현성당, 비	82
인천 근황	84
KTX 타다	86
시가 어디엔가로 가	89
이승훈 가다	91
근황	94
유섬이 생가	96
캠퍼스	99
무제	102
우군의 무릎을 지나	104
섬, 그리고 섬	106

4부 기행 시편

동유럽 기행1	110
동유럽 기행2	112
동유럽 기행3	114
동유럽 기행4	115
동유럽 기행5	117
동유럽 기행6	119
동유럽 기행7	121
북유럽 기행1	123
북유럽 기행2	124
북유럽 기행3	126
발칸반도 기행1	128
발칸반도 기행2	130
발칸반도 기행3	131
발칸반도 기행4	132
발칸반도 기행5	133
발칸반도 기행6	135

발칸반도 기행7 136

발칸반도 기행8 137

발칸반도 기행9 139

※ 해설
경계를 넘는 순례의 길, 혹은 포괄의 시 | 이상옥

강희근

동국대학교 국어국문학과 졸업
1965년 〈서울신문〉 신춘문예로 등단
시집 〈연기 및 일기〉, 〈風景譜〉, 〈프란치스코의 아침〉 등
저서 〈시 읽기의 행복〉, 〈우리시 짓는 법〉 등
시극 〈순교자의 딸 유섬이〉
수상 공보부 신인예술상, 조연현문학상, 김삿갓문학상 등
국립 경상대학교 인문대학장, 문학표절문제연구소장 역임

※ **시인의 말**

 등단 55년이 되면서 고향 경호강가에 있는 〈55번지 식당〉이 문득 떠올라 머릿속에 붙들려 있습니다.
 그 식당 할머니는 솜씨가 유별나 길손들의 발걸음을 불러들였습니다. 사냥꾼들이 지리산에서 잡은 산돼지나 꿩 같은 것들을 잡아오는 대로 일품요리로 만들어내는 곳이라 더 이름이 났습니다.

 시력 55년이나 그 기념시집이 자랑일 수는 없습니다.
 다만 식당 할머니의 맛 내기 솜씨를 닮은 듯한, 사람들의 입에 닿는 시 몇 편과 그 세월을 함께 건졌으면 합니다.

 나는 아직도 소년의 티를 벗겨내지 못한 채로 있는 것, 것 같습니다.

2020년 4월, 강희근 쓰다

1부 어느 자화상

어느 자화상

그는 그림을 그릴 줄 모른다
그는 남의 그림으로 제 모습 쓰기는 하는데
가만히 보면
에드바르 뭉크의 담배, 또는 손, 또는
빈약한 수염 같은 데에 골몰한다
실제로 한 번씩 일찍이 끊어버린 담배, 에쎄
같은 선 여린 것들 중에서
한 까치 뽑아 문다
과거에 물었던 것들은 호흡기로 들어가
위장으로 내려가 저장되는 연기,
생연기를 내는데
지금 꼬나든 것들은 그냥
호흡기를 통과하거나 위장에 가서 집 짓는
연기, 생연기가 아니다
뭉크의 것처럼
영혼 사르는, 살아서 불타는 연옥 같은 데

어리는 붉디붉은 원색이거나

물살 같은 쭉 쭉 뻗치는 직선,

가드레일 같은 직선이다

그는 그림을 그릴 줄 모른다

그는 상트페테르부르크의 에르미타슈 미술관에 들렀다

온 이후

렘브란트 그림의 손, 또는 손가락의

색깔에 대해 쓴다

아니 여자의 손과 남자의 손에 대해 쓴다

주말

주말이면 이스탄불의 어둠 적막한
삐에르 로띠 언덕에나 갔으면 싶다

언덕이라도 가슴 시린 사람들의 묘역이면
기다리는 고독이 고독을 넘어서 버린 묘역이면
나의 주말에 잘 어울릴 것이다

바다는 아시아와 아시아 아닌 대륙 갈라놓고
그 사이 해협이라는 이름의 고독이 절름거리는 곳
그곳이 바라보이는 언덕에나 갔으면 싶다

어김없이 찻집은, 찻집 이름은 아지아드라야 한다
차림표는 커피와 과일차로 나뉘고
프랑스에서 온 청년이나 그 이웃나라에서 온 청년이 마
시는 저
커피라면
나는 커피류를 고를 것이다

주말이면 이스탄불의 밤, 나를 아는 사람의
아는 사람마저 없는
머나먼 실크로드의 끝에서 보내고 싶다

그 끝이 언덕이라면 언덕에 밀리는 적막이라면
나의 적막도 이름 달린 세기의 상표가 될 수 있을까

삐에르 로띠 그 이름이 될 수 있을까

리디아에게로 가는 길*

길은 꿈이 아니라 걸어가는
것
발이다
발은 그 자리 있어서 생애, 시간, 노을

리디아 푸르푸라리아는
필립비 사람 필립비의 길

동트는 아침에서 설레는 저녁까지의
길
거기 물이 흐르고 흐르면서 아름다운
태초,

나는 태초가 되고 싶었다

태초는 점 하나에서 선, 선에서 둘레
이어 이르는 영혼의 거점이여
경당은 조용했다

리디아 푸르푸라리아는 여자이므로
깃발,
사탕,
그리고 사랑의 사투리

말씀으로 가는
길,
하나

* 유럽 최초 가톨릭 신자

범종소리

복은 어지간히도 늦게 오는 것일까

저 소리,
시원으로부터 들려왔을 것 같은데
지금에사 저만치 귀를 두들기고 있다

색깔을 두고도 복이 있어야 보는 것처럼
소리도 복이 데리고 오는 것일까

미명을 골라
미명의 의미로 오는 저 소리

끊일 듯 이어질 듯 벼랑 돌아오는 소리,
귀 열고
마중을 가야겠다

처음인 듯 꿈결인 듯 제 먼저 오기 전에

피켓 하나 들고 잠깐,

마중을 가야겠다!

소리

일어나 보니 새벽 세 시다
우두커니 앉아 있기가 부담스러워
낮에 보아 두었던 풍경들을 불러낸다
그 곁에 쪼그리고 있던 시들이 저네들 집으로
숙박하러 가고
저들도 생활이 있다는 걸 무언으로 표시해 준다
나는 누구와 노나?
송수권의 새 시집 〈퉁〉이 머리맡에 있다가
그늘이 있는 시를 쓰라고
퉁을 준다
아, 송수권은 맛있는 말, 남도 지릿한 거
데리고 상구 제 갈 길 가고
그는 이제 넘보는 시인이 없는 대가다
찬물 한 사발 들이키고
이것저것 뒤적거리는데 범종소리, 어제 간
그 소리가 온다
명석 쪽일까, 쌍백 쪽일까,

가회를 지나며

향기가 나는 산 밑에서
산으로 드는 길목 지키는, 중학교 지도주임 같은
마을
초등학교 중학교가 안쪽에 자리잡아 있고
농협이 있고
딸린 창고가 있고 마당이 있고
옛날의 전성시대에 있던 술도가는 어디쯤 있는가
그 술도가 딸이 대처로 나가 시인이 되어 있다는
소문인데
진주에서 가회로 가는 버스 기다리는 사람
어쩌다 만나면
농대를 나와 그곳 중학교 수학문제를 풀고 있는
선생하는 친구 생각이 났다
마을은 향기와 단풍이 물드는 철에 가슴 제 먼저
익어서
찻길로 내쳐 가면 산이 나오지 않는다고
호루라기 호루루 불어줄 것 같은

그래도 색시 같은, 색시의 치마 같은 계절,
계절 뒤로 들어가면 골짜기가 요염한 데가 있어
바람 흔적 미술관이라는 제법 설레는 이름 달아주는
사람 생겨난다

가만 있거라
감나무 한 주 서 있는 면사무소 어디 있는가, 잠시
머물다 가자 자판기 커피 뽑아들고 한 박자 쉬다가
또 한 모금 쉬다가 가자

김삿갓면 와석리에서

길 위에 집을 짓고 산 사람은
김삿갓 밖에 없다

삿갓으로 지붕을 올리고
주춧돌은 두 개
기둥도 두 개, 일주문 같았다

아슬아슬한 집
일주문 밖에 사는 사람이 보면 그렇다

이 사람, 김병연 선생!
그것도 집이라고 짓고 사는가

아, 언제 내 입으로 집이라 한 바
있던가
二十樹下 三十客
서럽다, 나는 다만 나그네일 뿐

보리밥집 풍경

1
보리밥집에 손님이 가득하거나 넘치면
초등학교 동기회쯤 하는 것으로 보인다

동기회는 아니라도 추억이 추억끼리 만나
막무가내 떠들어대는 것으로 보인다

목소리들이 절제를 덜 해도 된다는 생각일까

동남아 여행 때 바라본 한국인들의 목소리,
형제의 나라 터키, 콘야의 대중식당에서
잔뜩 힘이 들어간 채로
힘자랑하는 한국인들의 목소리

어느새 귀국하여
보리밥집의 밥상과 밥상으로 건너다니고 있다

2
나는 고전주의자
느티나무가 있는 보리밭 나풀거리는 바람결이
가슴에 닿고

논두렁이 수줍어 소문 없이 들녘 끝에까지
갔다가 돌아오는 길
바라보다가

때가 되다가
배가 고팠다
초등학교 운동장은 한가하고 조용했다

우리는 늘
시렁 바구니에 담겨 있는 보리밥 같았다

수성못

갓 세수하고 난 대구의 얼굴이다
산뜻하다

들머리에 상화 시비가 있고
눈이 있는 자들은 시를 읽고
눈이 없는 자들은 물빛을 본다

시는 흘러서 여기까지 오고
지금 막 흘러와 멈추어 선 물과 만나고
둑길은 스스로 산책에 들어가고 있다

여름 아지랑이가 있는가
건너편 산 능선이 걸어 내려오다가
신발 벗는 자리
희굼한 빛깔로 서리는 것

그 어우름에 한 채의 펜션으로 보이는 집
숙박계 적고 한 이삼일 쉬다가 가고 싶다

물이 흐르다가 멈추다가 밖으로 나가는
시간대,
시가 씌어지는 시간대를 아는가

나는 그 천기를 읽고 쓰고
대구와 함께 세수하고 싶다

시락국

오늘은 시복식이 있는 날이다
수륙만리 바티칸에서 교황님 오시고
이 나라 신자들은 밤을 도와 광화문으로 모인다

아내는 시복식에 가고
아침에 나는 생전 처음 가스레인지 버튼을 눌러
시락국을 데우며
상을 차린다

웬만하면 시락국이 나를 우습게 보고
제대로 끓어주지 않을 것 같아
끓는 소리 날 때까지 가스레인지 앞에 서서
목숨 내놓고 순교하신 분들의 오늘을 위해
기도 한 줄 올린다

그분들이 끓어서 넘쳐서 채운 신앙의 그릇
그 그릇에 담긴 깍두기 한 점
깻잎 장아찌 한 잎 입으로 가져가는 것일까

목숨은 하나밖에 없고 하나에서 에누리해
내놓을 수 없는 것인데
밥상에는 이것저것 갖추어 올려지는 것
부끄러운 일이다

나라의 신앙이 별빛처럼 빛나는 날이다
우리 지역 사봉면 무촌리 머리 없는 무덤에
계시던 순교자 안토니오
그분도 124위 복자 중 한 분으로 월계관 쓰시리라

아침에 길 떠나는 그분, 무촌리 시락국 한 그릇
든든히 드셨을까

부음

동시대를 함께 늙어간다는 일이
행복이라고 말한 벗이
한 생애 동반자를 잃었다 하네
그동안 손가락 깨물어 피 흘려 넣는 병구완이라
정성이 하늘에 닿고도
몇 차례 돌아오는 시간,
아픔이 닳아 무색한 아픔일까

어깨가 흔들리는 듯, 지금 나는 어찌해야 하는가
기도 한 꾸러미 데리고 내게 허락된 하루
슬픔이 슬픔에게로 가는 길,

경남 과기대 앞에서

100년 대학 과기대 앞 찻집에 앉아
일요일 아침
플래카드 걸린 교문 쪽으로 본다

아리스토텔레스대학 교문을 들여다보며
그냥 지나던 때 떠올리며
이 대학에도 시학 교수가 하나쯤 있을까
실업학교에서도 인문학 교수 하나 태어나지
말라는 법 있겠는가, 느긋이 플래카드의 글자
읽는다

'재난대응 안전한국 실시'라는 다소 엉뚱한
문구가 펄럭이고 있다

100년 동안 펄럭였던 문구들이 역사를 이루며
역사의 뒤안길로 스며들어 갔을 것이다

나를 위해 카페라떼는 컵 안에서 조금씩
줄고
줄지 않는 교문의 탑에는 아카데미즘의 무슨
빛깔이 드리워질까, 그 너머로 구름이 조금씩
움직이며 온다

언제나 대학은 이웃에 있으나 이웃이 아니다
이웃의 얼굴이거나
내장된 이웃의 시간이거나 탑이다

탑은 그래서 교문에 있는 것이 제격이다

고맙게도, 교문의 탑이 찻집의 창으로
들어와
그대 지금 우리의 100년, 찻잔에 풀어 마시고 있는지
묻고 있다

노안당*

대원군이 구부정히 앉아 난을 치고 있다
몰두하는 것 같은데
옳은 작품이 나오지 않는다

파지가 수부룩히 쌓여야 하는데 파지가 없다
진지하다 생시와 같다

방으로 들어가면 화분이 있고 화분이 무성영화
스크린처럼 돈다
이름대로 무화과일 듯 싶다

무화과는 가을 고속도로변에 꾸역꾸역 나와
팔리고 있는데
군은 장사에 솜씨가 없다

* 老安堂~ 운현궁의 사랑채

살아서 침묵이라면 일세가 반들거렸을 것이다
군은 홧병으로 죽고
사내의 오기와 시아버지로 벌겋게 달아 죽었다

군은 간간이 기침하는 듯이 보이지만
기개는 가고 기개의 입만 남아 난을 치는 이의
눈빛을 대신하고 있다

군은 죽어서 할 말이 더 많고 억장이 더 많이
무너진다 군은 마이크가 없는 시대
마이크보다 더 쩌렁쩌렁 대원위 대감

식도로 갈비뼈로 깊이깊이 울었다
군은 군이 되기 전에 바닥 엎드리며 동안거의
스님처럼 살았다 무릎처럼 살았다

군은 그것이 군의 자산이다

난 한 잎 칠 때 군은 난 끄트머리에서 산다

추사를 만나 추사의 목소리를 배우고

지금 그는 추사다

이형기傳

1.

그는 이제 진주로 돌아왔다
대학을 다니러 서울로 갔고
직장에 매여 서울에서, 부산에서
다시 서울로 가 살았었지
대학이나 직장이 그에게는 그의 시가 들어가 살
단칸방이었다
단칸방에서 그는 그의 시와 아내와 딸
그리고 호구지책 같은 것과 비좁게 살았다
그가 언론인이었으나
그가 평론가이기도 했으나
그가 어찌하다 부업 같은 교수가 되기도 했으나
그는 그는 비 오는 네거리 우산살 아래에서도
부산의 광복동 단골 실비집 무한광설의
풀밭에서도
그는 시인이었다

그는 한강 이남에서

제일로 큰 신문사의 꼭대기

편집국장까지 갔고

그는 문인협회의 한 당파로 상임이사라는 것까지 갔고

그는 시인협회의 잘 나가는 회장의 장부까지 손에 넣었으나

그는 금방금방 단칸방의 퀴퀴한 사진 액자 같은

가장으로 시인으로 돌아와

곧장 허무와 바둑을 두었다

단칸방의 벽에 막혀 어디론가 나가거나, 더 이상

개량의 삽을 들 수도 없는

인간, 인간들에 대한 연민이거나 사랑에 깊이 들어가

한밤에 잠들고

새벽에는 깨어나 눈을 부볐다

그러다가 그는 혼자 병들고 혼자 켜놓은 랑겔한스섬 흔들리는

등불 비추며
절벽 아래로 걸어갔다
절벽이라고 쓰고 절벽 아래 돌아서 절벽의 등 뒤로 갔다

2.
그는 이제 진주로 돌아왔다
가난하게 살던 남강가 스레트집이 아니고
그의 이름으로 만든 기념사업회
그가 코흘리개로 자란 진주, 진주의 시민들이 만든 문학제
안으로 돌아왔다
그의 집은 단칸방이 아니다
나라에서 제일로 번듯이 지은 진주시청, 크고 우람한 집
여기서 그는 바둑을 두지 않아도 되리
챔피언은 챔피언 벨트 내놓기 위해 있는 거라는

가위눌림 같은 것들

하루살이떼 같은 것들 못 말리는 것들에게

자, 우리 악수합시다

나는 이제 집으로 왔소, 말하면 되리

2부 밀다원 다방

한때

커피를 마시며 강구안을 내려다본다

여객선은 나가고 없고

화물선도 나가고 없고

대형 고깃배도 나가고 없고

작은 어선들이 오르르 떨며 옹기종기 엎드려 있다

그 사이를 비집고 거북선이 네 척이나

들어와

대첩의 꿈을 꾸고 있다

사람들은 거북선을 바라보며 대첩제를

열고

제전이 끝난 다음에는 싼판 마당에서

크고 작은 축제를 연다

오늘은 작은 어선들이 바람 불어가는 쪽으로
작은 깃발의 잔치를 열고
청마를 그리워하며 해원을 생각한다

청마만 생각할까 전선의 진을 치러
한산도까지 갔던 거북선을 보며 건강한
이순신의 심장을 생각한다

심장에서 피워 올리는 꽃, 꽃 한 송이를 기르는
춘수를 생각하며
춘수와 릴케를 떠올린다 릴케의 장미 한 잎
벌레가 먹고 있을까 어디쯤 먹고 있을까

강구안은 문득 향기로 가득하다 물결이 향기의
집이다

밀다원 다방

전쟁 중 부산은 대한민국의 끝이었다

수도였다

피난 문인들은 광복동 밀다원 다방에 모였다

다방 밖에 나가면 그들은 피난민이고

다방에 들어와 앉으면

도민증 없이 임시수도 시민이 되었다

속으로 우는 사람들

머리로 걱정하는 사람들뿐

김동리는 이들을 잉잉거리는 꿀벌로 보았을까

'밀다원 시대'라는 이름의 소설을 썼다

시대는 가고

김동리도 가고

밀다원도 가고 오늘은 김동리의 제자 소설가들이

그날의 끝으로 와

'밀다원 시대 문학제'를 연다

부산 광역시 중구 광복동 2가 38-2번지

2층 밀다원은

'화로家' 식당이 되어 있다

주인공 이중구가 죽고 죽은 뒤

이 식당으로 되짚어 와 주인이 된 것일까

비토섬에서

비토섬은 기다리는 섬이다
별주부에게 붙들려간 토끼가 간을 떼이지 않고
돌아오기를 기다리는 섬이다

멀리 창선도는 연륙교에 잡혀 있고
서쪽 멀리 남해 설천은 남해대교에 잡혀 있다

요즘엔 사천 용현도 사천대교에 잡혀 있다
섬은 더 이상 섬이 아니지만
비토섬,
지금도 기다리며 누군가를 부르고 있는 섬이다

기다리는 사람들은 코앞에 있는 별학도에도
미니 다리를 놓아두기도 하고
스스로의 가슴에까지 다리 한쪽을 들여놓고
하마나 오고 있을지 기다리는 것이 사업이다

달이 늘 달아나듯이 가는 서쪽 벼랑에는

신장개업 카페를 열어놓고

그리는 사람의 눈썹에 색칠을 하다가

노을이 오면 노을에다 눈썹을 섞어놓고

이제는 노을을 기다리는 것이 사업이다

내게 그대가 있는가, 누구나 비토섬에 오면

그대가 있다는 걸 배우며

그대에게로 가는 길 가,갸,거,겨를 쓴다

간 졸이며 토끼를 기다리듯이 그대에게로 가는 길이

벌써 외등을 켜고 있다는 걸 본다

그 위에 저녁별이 하나 둘 뜨고 있다는 걸 본다

성평리에 가서

시인은 가고 시인의 집만 남아 있는
성평리에 갔다
뒤에는 고속도로가 윙윙거리고
북향이다
시인*은 젊어서 '미팔군의 차'를 쓰고 조사를
받았다
예전에 쌓은 읍성이 시래깃단처럼 걸쳐져 있는 건너편
산줄기,
줄기를 눈으로 훑으며 자랐을까 시 구절이 매서웠다
그 밑으로 도랑 같은 강에 배가 들어왔다는 일이
전설처럼 들리고
심심찮게 차량들은 진교 쪽으로 흘러나가고 있다
시인은 이것저것 다 털고 돌아오고 싶어 '귀거래'
시를 썼으나
끝내 돌아오지 못하고 죽어서 슬프게 돌아왔다 그것도
집까지 오지 못하고

진교 쪽에 와서 누웠다

벌떡 일어나 후배시인이 왔다고 달려올 것만

같다 영하의 추위를 뚫고 젊어서 매서운 시 '시 구절'

앞세우고

토지문학제 심사위원으로 달려오듯이 와서

손을 내밀어 줄 것만 같다

강형! 선배는 후배의 손을 잡고 후원이 넓은 그의 사랑채를

한 바퀴 돌았다

그는 그의 세월을 한 움큼 후배의 손에 잡혀 주었다

* 정공채 시인

구상

자다가 깨다가
월간지를 구상하는데
김동리 선생이, 선생의 생각이 다녀가셨다
선생의 감각이 흰 눈처럼 다녀가셨다

문예지를 구상하는데
조연현 선생이, 선생의 생각이 다녀가셨다
선생의 감각이 노을처럼 다녀가셨다

쌓았다가 무너뜨렸다가
순문예지를 그리는데 한쪽 모서리부터 그림의
윤곽이 보이기 시작했다

선생들의 고뇌일까 흰 눈일까
선생들의 비전일까 노을일까

생각은 잠시 선생들의 마을을 지나
마을 뒤의 언덕을 넘어 골짜기로 골짜기로 들어가고
있다

아, 자다가 깨다가 선생들의 잠 속에서 선생들의
시대가 다녀가셨다
빛깔과 향기와 고뇌와 슬픔 같은 것
다녀가셨다

석하* 선생

석하石霞 선생을 뵈러 수유리로 갔다
댁에서 밖으로 나오시는데
선생의 어깨를 딛고 육사와 지훈이 더불어
나오는 것 같았다

뒤에는 청마와 미당이 따라 나오는 것 같았다

동네 카페에서 차 한 잔씩 나누는데
선생은 줄곧 육사 이야기를 하셨다

육사가 북경에서 순국하기 전에
수유리 언저리 이민수의 집에서 자주 시회詩會를
열었던 이야기,

한시를 지어, 일제가 시를 읽지 못하게 한 이야기
시회를 전후하여 시회 참가자들이 북한산에 올랐다는
이야기,

(그때 육사가 일제에 마지막 전의의 날을
세웠던 것일까)

이야기 끝에 선생은 스스로의 호를 육사의 시 한 편
그 속에서 石자와 霞자를 데리고 와 썼다는
이야기를 하셨다

데리고 와 썼다는 말 힘주어 하실 때 선생은
카페 밖으로 나와, 나직이 와 있는
인수봉을 가리키셨다

* 석하 선생 : 시인 김종길 선생

목동시대

목동에서 사람 만나고
목동에서 커피를 마신다

목동에서 밥을 먹고
목동에서 편집을 한다

편집 일이 내 시대의 중심이다

시대는 흐르는 것이지만 흐르고 흘러
머무는 곳이다
시대는 목동과 목동 밖으로 나뉘고
목동은 나를 신원조회 없이 시민으로 받아
그의 햇빛과 하루의 노을을 건네주고 있다

목동 밖에는 벚꽃이 다 지고 있는데
목동에는 벚꽃에 목련이 거들어 피고, 꿀벌들
분분 한창이다

오늘의 강의 1

이른 봄 강둑을 거닐다가
실로 우연히 새 쑥이 돋아나 있음을 보고
놀라다가, 놀란 눈으로 여기저기 살피기 시작하면
나도 쑥, 너도 쑥이라고 말한다

드디어 쑥은 쑥끼리 선언서를 읽거나
그들만의 나라 자족한 나라가 있음을 선포하고
나도 쑥, 너도 쑥이라 말한 시간
그 시간을 국경일로 삼는다

순례는 강둑에서 시작되어 강둑에서 끝나지만
그들의 생존은
강변을 떠나 들녘으로 나가고 야트막한 산으로
오르고
그들은 고국이 어딘지 모르고 모르는 그곳에서
교포가 된다

교포들은 낯선 땅 낯선 바람에도 꿋꿋이 스스로를 지키며
응달진 골짜기에서 골짜기만 한 외로움을 생산하고
저녁노을 붉은 해 떨어지면
그들 눈에도 비로소 눈시울이 운다는 걸 안다

이때부터 교포들은 그리움의 공장을 세우고
그리움을 생산하고 그리움을 내다 팔며
향수를 달래며 산다

그럼에도 인간들은 이제사
디아스포라가 어쩌니 저쩌니 하며
디아스포라 문학에 열중하고 있다

그들 교포들, 인간들은 많이 후지다고
후져도 한참 후지다고
한 마디 한 마디씩 던지며, 던지는 재미로 산다

오늘의 강의 2

1.

그대 속고 있느니라 허구의 천재

상상의 천재로부터 속고 있느니라 소설은

그대를 속이기 위해 씌어지고, 속아서 쩔쩔매며

감동을 받아 눈물

줄 줄 흘리게 하기 위해

발바닥 간질간질 간지러워지게 하기 위해

지금도 잘도 짜 맞춘 이야기 안에서

오랏줄에 묶여 미아리 고개 넘어가게 하기 위해

멋들어진 주인공이 살아서 그대 앞에 비스타비전

전율로 나타나게 하기 위해

씌어지고 있느니라

허구는 진실이라 진실에 묶여 앞뒤 꽉 막혀

바보 칠푼이 허생원이 근사한 사나이

제천장으로 걸어가고 있느니라

허구의 천재 박경리가 토지라는 이름 지어놓고

최참판댁 하나

뚝딱 지어 올리자

뒤에 뒤늦게 H군 사람들이 최참판댁을 뚝딱 실제로

지어놓고

맨날 맨날 그 골목으로 월선이가 청순가련

지나다니게 하고 길상이놈 천진무구

심부름 뛰어다니게 하고

조준구나 김평산이 같은 악당들이 근처 주막에서

날이면 날마다 술을 퍼마시게 하는,

양질의 필름 연중무휴로 돌아가게 했느니

그대 시방 허구의 천재들에 속고 있느니라

2.

아, 그대 속고 속는 중에

속아서 안 될 사람은 S고을 주민이니라

약초보감 소설에 나오는

주인공 허씨가 그 고을로 실제 지나가 보지도 않았고

스승 류의원이 그 고을에서 실제 태어나 보지도
않았으니,
S고을 사람들은 소설책을 들고 있을 때만
주인공, 스승에 대해 말해야 하느니라
설사 이분들을 위해 제사를 모신다 하더라도 축문
대신에
소설책을 읽어야 하느니라
그대 비록 허구의 천재에게 속는다, 하더라도,

혹,

잘 가는 보리밥집
아주머니에게 밥값을 치고 나오려는데
"혹 설창수 선생이세요?"하고 물었다

"아니요, 나는 지금
그분이 만든 예술제와 등축제에 관한
연구대회 토론자로 가는데요."

"지난번부터 물어보려 했는데..."하고
미안한 듯이 얼굴을 붉혔다

연구대회 내내
"그 사람이 하던 일에 돗자리 하나 깔고
살면
그 사람의 인상이 되는 걸까?"
"그 사람이 나다니던 길에 그 사람이

입었던 두루마기 입고 지나가면 그 사람
말씨 혹시나 닮는 것일까?"
유사함에 대해 인연에 대해 내내 생각했다

선배가 앞에 가고 후배가 뒤에 가는 것
자연스런 일인데
나는 더러 더러 선배와 후배가 전혀 무연한 삶으로 가는
것이라 오독해 온 것 아닐까

또 다른 아주머니가 또 다른 밥집에서
"혹 설창수 선생이세요?"하고 물어오면
당황하지 않고 근사하게 대답해 주리라
다짐하는데

금세 연구대회가 끝나가고 있고 나의
마무리 토론은
걸음이 한 번씩, 기우뚱거렸다

인삼랜드

서울을 오르내린다는 것은
꿈을 오르내리는 일이다

꿈 하나씩 가지고 버스를 타거나 꿈 하나씩
데리고 귀향버스를 탄다
꿈은 머릿속에서 꾸는 것이지만 버스표를 살 때
버스표에 적혀 함께 버스를 탄다

시간과 출구와 좌석번호가 지정되어
꿈은 좌석 하나를 차지하여
어김없이 출발이 되고 도착이 된다

신기한 일이다 꿈이 어디 현실에서
제 모습을 보인다는 것인가
꿈은 머릿속에서 집 짓고 사는 족속인데
제 집을 벗어나와

제 이름 내놓고 제 덩치 내놓고 연인처럼

안기거나 연인이 되어

내게 나의 좌석번호로 앉아 달린다

꿈은 조금씩 과일처럼 차 중에서 익어가기도 하고

제 들고 있는 일기장을 내놓고

일기를 쓰기도 하고

계산 장부 같은 것도 내놓고 내게 계산서를

알기 쉽게 풀어 보이기도 한다

귀향하는 버스는 심야에 오기 십상인데

꿈은 밤을 의지하여

헤드라이터를 켜고 씽씽 달리는 일은 신나는 일이다

어쩌다 스마트폰에 찍히기도 하는데

누가 무심코 보내는 안부 목소리가 야밤

깊어가는 어둠을 딛고 무한정 애틋이

문맥화 될 때

차는 터질 듯한 숨소리 진정시키기 위해

그렇다 금산 땅 휴게소에 머리 디밀고 들어와, 쉰다

십분 간이다

도쿄대학에서
— 윤동주를 만나다 1

릿교立敎대학이 아니다

도쿄대학 문과 2년생들의 시론 시간,

심교수의 윤동주 시 강의가 슬프다

나는

심교수 시간의 일부를 할애받아

서시, 참회록을 읽고

무엇이 슬픈가, 하고 물었다

학생들은 대답 대신에 경계를 넘어온

낯선 교수에게

눈동자 빤한 침묵 한 줌 보내주었다

침묵이 윤동주 같았다

도시샤대학교에서
— 윤동주를 만나다 2

교문을 들어설 때

동지사同志社로 읽었을까 도시샤로 읽었을까

제국주의 하늘 아래 캠퍼스는 아담했다

남의 나라 젊은 교수의 영어 발음이 귀에 들어올 때

이양하 스승의 발음과 분리해

들었을까

동주가 들어가 공부했던 교실이 아직 남아 있고

그 교실 남창에 햇살이 그때의 햇살로

한 됫박 부끄러이 들어와 있다

화단가 고목 한 그루 곁

서시가 육필체 시비로 서 있고, 일본어 번역이

그 곁에 나란히 적혀 있다

쓰지 말라던 조선어가 시비에서는 주인이다

동주가 주인이다

우지강 아마가세 구름다리
― 윤동주를 만나다 3

동주가 살아서 마지막 찍은 사진 한 장

우지강, 그리고 아마가세 구름다리 위

모두 아홉 사람 동급생

두 사람은 여자,

윤동주는 여자가 부끄러워 뒷줄에 서려

했다

뒤에 있는 학우들이 여자 옆으로 가라 밀어내고

키 작은 여자가 구름다리처럼

울렁거렸을까

5월의 숲은 싱그럽고 강은 흐르고

북간도는 아득했다

우리 일행들

그들처럼 울렁거리는 다리 가운데로 가서

동주가 부른

아리랑, 아리랑 거푸 불렀다

잡아가라, 큰 소리로 불렀다

교토 시모가모 경찰서
── 윤동주를 만나다 4

으시시하다

3층이다

1층은 한결같이 철창이다

낯부끄러운 나라 낯부끄러운 죽은 제국의

찢어진 깃발!

바람도 잔다

동주가 들어갔다! 몽규도 들어갔다

북간도 명동 소학교, 은진 중학교도 들어갔다

쉽게 쓰인 시, 원고 뭉치도 들어갔다

연전이 들어가고

우물도 들어가고

조선의 어둠에 떠 있던 별들 주르르 따라

들어갔다

(면회를 시켜주지 않을 것이다)

오, 오늘 경도부하압경찰서

여덟 자 조선 발음, 사진에 찍어 넣었다

교토 조형예술대학
— 윤동주를 만나다 5

동주의 하숙집 아파트 자리
작은 예술대학이 들어와 있다

동주의 혼이 문자로 흘러와 캠퍼스 밖
시비로 선 것일까
가나 오나 '서시'다

이 대학의 이사장 도큐야마씨가 동주의 다섯 해
후배,
기일에 맞추어 추도제를 연다

국적보다 학적이다, 이런 말
들은 것일까
지나가는 사람 하나, 끼고 있는 안경알
도큐야마씨의 것처럼 알른알른 했다

후쿠오카 감옥, 그리고
— 윤동주를 만나다 6

 나를 기다려 아직 살아 있을 것이오 하카다역 개찰구에서 에스카레이터 계단에서 늦은 저녁 센트라자 호텔 프론트에서 잠시 잠시 나와 있을 것이오 피골이 상접해 있는 것 바라볼까봐 손 씻고 얼굴 씻고 용정에서 보내온 단벌 한복 차림 나와 있을 것이오 그때의 그 감옥은 어디론가 갔고 구치소만 남아 있고 여리디 여린 몸 피하지 못한 살인주사 맞던 방 피 말라가던 방 시멘트 사각의 방 매순간 외로움 불어오던 방 방문을 겨우 겨우 밀치고 나와 있을 것이오

 그 방은 아파트로 무심히 바뀌 앉아 있고 훨훨 오르지 못하고 낭하에서는 소름 끼치는 역사를 조선 고무신 끌면서 기다리고 있을 것이오 동주, 자유와 자립의 새가 되어 조금씩 의리의 시간 포르르 포르르 운신하면서 나의 벗 기다리고 있을 것이오 감금의 담장은 높지 않지만 아파트 7, 8층 들여놓고 별 헤는 높이로 서 있는 곳, 오로지 나만을

그리며 시 한 줄 쓰면서 읽으면서 오오 71년 내 보내지 아니한 벗 반가운 미소, 고개 부끄리며 건네올 것이오

3부 혜화동 로터리

돌아오기

윤이상이 돌아오고 있다
그의 아내*가 가리키는 산청군 시천면
구 덕산장터 생가터로 일신 돌아오고 있다

업적이 있는 사람은 늘 생가나
생가의 들머리까지 돌아오는 시간이 길다

죽은 뒤에 돌아오는 사람은
슬픔도 그 돌아오는 길에서 하나하나 반짝이는 것들
주워들고 온다

슬픔뿐이겠는가 외갓집의 곤고했던,
천왕봉 내리는 바람에 펄럭였던, 다 헤지고
닳아버린 가풍의 주름살들
어김없이 그의 멜로디에 업히어 함께 돌아오고 있다

오늘은 비가 멎고

산과 산 사이, 강과 골 사이

이내嵐만 들락거리며 윤을 내던 길로 윤이상

그가 돌아오고 있다

산청의 아들, 산청의 풀피리 닐릴리 불며

옛날의 촌사람 하나

오매야 오매야

일신 돌아오고 있다

* 세계적인 작곡가 고 윤이상 선생의 부인 이수자 여사와 자녀 2명, 윤이상평화재단 관계자 등이 27일(2007.9) 선생의 출생지인 산청군을 방문했다. 이번 방문은 고 윤이상 선생의 출생지 관련 사업 검토를 협의하기 위한 것으로, 출생지인 시천면을 방문해 인근 주민들과 선생의 행적이나 출생지 등에 대한 이야기를 나누었다.

혜화동 로터리

시인 조병화가 낙엽으로
쓸리고 있는가
영하의 바람이 차다

쓸리고 밀리는 것은 추억일 뿐
건너편 솟아 있는 혜화동 성당이 건재하다

성북구 쪽에서 장총리*의 둥근 얼굴
환상으로 걸어 내려오고
그의 정확한 영어 발음, 악센트 하나로
되살아나고
아무래도 로터리 중심부, 이빨 몇 개 빠져 있다

이빨을 비집고 2층에 오르면
이름 외워지지 않는 찻집의 의자들
제멋대로 구석구석 찾아 들어가 있다

용케 찾아 들어가 앉으면

앉는 사람이 시설이다

* 우리나라 제2공화국 국무총리 장면, 우리나라 초대 주미대사
그분의 집이 성북구에 있었고, 그가 한때 동성고등학교 교장으로 있었다.

약현성당, 비

1.

중림동 언덕배기 돌아앉은 곳
숨어 있듯이 서 있다

서소문 밖,
박해의 피냄새는 마르고 찌는 더위
푸른 잎새들이 주인이다

외진 변두리, 여기까지 끌고 오면
목숨 떼는 것도
별일이 아니라 생각했을까

2.

지독한 여름이 소나기 한 줄기
퍼붓는다, 세차다

퍼붓고 퍼부어라

둥 둥 둥

그때의 눈 먼 북소리 엎드려 날 때까지

논두렁으로 밭뙈기로 퍼져 나갔던

역사의 헛간으로 번져 나갔던 그 소리

눈 뜬 소리로 둥, 두둥, 두둥 되살아나기까지,,,

중림동 비는

푸른 잎새들, 두드리고 내린다

인천 근황

소래포 염전은 자고 있다
수인선 추억의 협궤열차, 한 칸이 박물관
마당에서 졸다가 깬다

습지까지 가는 길은 흙길이다
바다가 들어왔다가 더 들어오지 않아도
군소리하지 않는 철새들
이들이 인천의 숨소리를 내고
옛날의 산고동이 울어댄다든가 하는 이별의
항구
가사 몇 절이 갈대숲 끄트머리에서 운다

소래포, 소래포에 걸어 들어와서는
시내로 들어갈 생각을 하는 사람은 없다
바다장어처럼 길다라이 늘어선 어시장
한 집 한 집의 상호가 활어 같다

저것, 어쩌지?
도심이 시끄러워 맨발로 뛰쳐나온 저
불청객들 아파트 군락들이 즈려 서서
습지의 안락을 노려보고 있다, 꿈 깨서

바람이 불고, 갈대들은 갈대들의 사운 대는 소리
꿈 깨서 가슴의 소리 거푸 음역해 내고 있다

KTX 타다

서울역 플랫폼을 빠져나간다
미이끈하게,
소음과 거리와 도시를 갈라내며 나간다
모세의 기적처럼

여적 실현해 보지 못한
시대의 속도
너의 말 나의 말 떼어놓고 그 사이까지
떼어놓고
지고 있는 짐들 차창 밖 영상으로 띄워 보내고
일사불란
일사부재리로 간다

오 속도에게 머리 숙이고 싶다

한 번도 달려나가지 못하고 맴돌았던
서성거리다 저녁이 된 사람들
또는 아침이 된 사람들
마주하며 친교가 되고 이웃이 되고 싶었던
사람들
각자의 자리 조금씩 비집고

오, 처음으로 기다란 무처럼의 날 것
미이끈하게
빌딩의 심한 어지러움 밀어내고 설레는
시간
서울역 플랫폼을 빠져나간다

순간이리라, 들녘은 들녘을 만들고 역은
역을 만들고
숙녀의 치열齒列처럼 가지런하고
이따금 낮은 휘파람 불고 빠져나가고

속도는 젖어서 장난감 같은 강 가르고

아질아질, 건너가리라

시가 어디엔가로 가

시가 어디엔가로 가
어디엔가에 열심히 봉사하고 있는
것일까

남수단의 검은 살갗 지니고 사는 사람들의
맑은 눈동자로 갔거나
그들 학령 아동들의 부라스밴드 리듬 속으로
들어갔거나
프란치스코가 도달했던 허리 질끈 동여매고
살아내는 맨발 같은 데로
그이는 먼지 같은 데로 가서
풀풀, 풀풀이로 견디고 있을까

어디엔가로 가
이름 없는 풀이거나 풀꽃이거나 들녘의 이슬이거나
이슬로 역사를 쓰는 여치의 기다란
다리, 꺾어서 걷는 생소함의 한낮이거나

머리카락 난발에 이는 바람이거나
깃발이 아니면서 깃발이거나
청춘이거나 돌림병이거나

헐떡이는 혓바닥이거나

고린토 아골라 맨바닥에 싸돌아다니는
여러 토종개들의 흐르는 순례이거나
겨우 겨우 빠져나가는 운하이거나

오오오 제국주의의 반제국이거나
단칸 감옥이거나
그 속의 별이거나 이빨이거나
창이거나 햇빛 같은 것,

이승훈 가다

그는 안개다

안개로 왔다가 안개로 갔다

저무는 것은 시간이지만

저물지도 않고 갔다

그의 집은 잠시 춘천이다가

왕십리이다가

진주이다가

그의 하늘도 잠시,

춘천이다가

왕십리이다가

진주이다가

그가 본 사물A 그 시편들

잠시 춘천이다가

왕십리이다가

진주이다가

그는 손바닥 안에서 손바닥이다가 잠시

춘천이다가

왕십리이다가

진주이다가

그는 발바닥 안에서 발바닥이다가 잠시

춘천이다가

왕십리이다가

진주이다가

안개다

안개로 왔다가 안개의 단추 두서너 개 달다가

안개의 신발

털지도 않고 갔다

누군가 그를 방장이라 했다

* 이승훈 시인은 춘천에서 났고 왕십리에서 직장에 다녔고, 진주에다 처가를 두었다.

근황

— 이승훈 시인

나의 근황이 아니라 그의 근황이다
시를 쓰고 고치고 있을까
그는 좀체 고치지 않았다

시론을 쓰고 담배 한 개비 태우고
있을까
그는 담배 연기를 커튼처럼 쳤다

맥주를 마시고 밥숟갈을 뜨고 있을까
그는 밥하고 술을 분리했고
술만 마셨다

술을 따르며 안주를 생각하고 있을까
그는 안주를 줄여가는 쪽이고, 쉼표
찍듯이 멸치 하나씩 넣다가

김 한 장씩 넣다가, 찍을 점이 없을 것이다

붙들고 있는 것들 다 놓고 허리만
붙들고 있을까
그는 붙들고 있을 때는 없는 마침표를 찍는 때,

뒷산이 무거워 뒷산을 등에서 아래로
내릴까
그는 의사 아들의 말을 듣지 않았다

그를 가르치는 사람 스님 한 분인데
스님과는 통화하고 있을까
그는,
스님의 직립 속으로 들어가 있을지 모른다
그는 방장이다

유섬이 생가
— 초남이 마을

가보고

가보고 싶던 유섬이 초남이 집을 갔다

'호남 천주교 발상지 1784년' 옆으로 누인

빗돌이 당당했다

그러나 이 자리를 찾는데 2백 년이 걸렸다

유항검 일가가 순교하고 파가저택 연못이 된 뒤

1백년이 두 번 흘러갔지만 9살로 유배 간

막내딸 유섬이가 71세에 죽은 사연,

그 기록이 151년이 지나 몇 해 전에 알려졌다

아, 기적이다

내가 그 기적, 기적소리 같은 기록에 따라

예까지 왔다

불쌍해서 안아주고 싶은 9살 애기, 눈물 고인 눈으로
세상 얼마나 아프게 보았을까
그 눈빛을 지켜 생애를 동정으로 지킨 애기
그 이야기가 이제 초남이 들녘 적셔온다

들녘 끝에 누워 있는 야산이 그대로일 텐데
저 볏가리들이 무더기 타작하는 소리 내지만
그때 사람들 다 가고 쓸쓸히 바람 불고 있다

연못에 뜬 수련잎들이 저희끼리 어깨동무하고
로사리오 기도 3단 또는 5단을 바치고 있다
왼쪽 동산에 조각품으로 서 있는
조선 천주교의 꽃 누갈다 내외가 내려다보며
따라서 기도를 맞추다가
문득 떨어져 있는 수련잎 하나를 보고 '아기씨'
'아기씨' 부르고 있다

연못, 파가저택 이 자리 꿈인가 생시인가

나도 그 사이 비집고 '아기씨'라 부른다

잎 또한 멈칫거리더니 제 어깨를 흔들고 있다

캠퍼스
— 동국대학교

캠퍼스에 왔다

60년대 우리 스승의 나이보다 더 먹은 뒤에

와서

스승이 하던 학위심사

그것 맡아서

논문을 깎고 자르고

목수처럼 쓱 쓱 대패질했다

늘상 대패질하는 사람이 갑이다

을은 미끈한 송판이 되거나 문살이 되거나

건축의 허리가 될 터이지만

톱밥처럼 풀려 날리는 원목의 모서리

기간 동안은 을이다

일세의 학자 스승은 이분을 심사할 위원이 나라 안에서는

없다 하여 명예박사가 되었다 하지

않는가 스승의 높이는 갑 중의 갑,

가을 캠퍼스 화단의 나무에 달린 낙엽
배배 비틀리며 떨어지는 것들
나무에 비해 을인가

추억들 데리고 과거로 돌아온 나는
낙엽처럼 가을이다 스승이 돌아가고
돌아간 뒤에도 가을로 남아
아득한 거리 위에 흰 머리 이고도 을이다

대학은 무엇인가
꿈인가 청춘인가 아직도 생선비늘 퍼덕이는
햇살 내리고

구원의 여인상으로 여학생들의 긴 머리
어깨에 흘러내리고 나는 아직
거기로 가는 길
기약 없이 멀다

아, 거기로 가는 길

캠퍼스.

무제

오 오늘, '더 착한 커피집'에서

헨리 입센의 '그랜드 카페' 오후 2시를 생각하오

입센의 몸은 이미 오슬로의 흙이 되고

오슬로의 뼛가루가 되고

영혼은 매일 오후 2시

오슬로 노벨평화상 수상자 호텔 제일 아래층

모서리 세든 듯한 한 칸의 카페 세든 듯이 오오

거기 그는 카페의 눈동자거나 화룡점정,

노르웨이를 흔들다가 노르웨이의 극본이 되오

오후 2시라 하지만

오후 2시가 시간이 아니라 1막이거나 1막의 1장이오

음악이 흐르고 흐른 뒤에

남아서 돌아다니는 것은 전설, 그 끝에

오래 이루어낸 도시 베르긴이 중세기로 흔들리며 오고

그곳의 시민 에드바르드 그리그 그는 오, 반가워

쓰다가 남은 음표 몇 개 선물용으로 어깨에 얹어 오오

오 이 시간 장막의 끝이오

헨리 입센에서 에드바르드 그리그로 와서 오후,

'더 착한 커피집' 벽면에 사는

저, 늙지 않는 클림트의 그림 풀잎과 꽃잎으로 어울리오

그 남자의 여자,

여자의 발은 맨발이오

무성한 맨발이오

우군의 무릎을 지나

대상포진이 섭씨 30도 여름을

붉게, 스쳐 지나간다

가다가 우연히 지나가면 그뿐인, 거친

모닥불 같은 것들

나의 몸 한 부분에 겨우 왔다, 말하며

느리게 스쳐 지나간다

6.25 그 여름의 삐알 기관총 소리도

달달달, 달 큰 손가락만 한 탄피 내던지며

스쳐 지나가던 것들

늦게 와서 쉽게 문지르며 지나가던 소리

우군의 무릎을 지나 허벅지를 스쳐

마을을 다 뚫고 지나갈 때까지 소리와 에코로

지나가던 것들

그때도 여름이었다

끝없이, 한없이 혁명적 울림으로 아프다가

살 속으로 터빈을 돌리다가

뼈 속으로 바늘 몇 개씩 찔러 넣다가

아리다가

깊은 연애처럼 붉게 스쳐 번져갔다

오 대상포진은

무식하게 인해전술처럼 전략도 포진도 없이

밀고 가는 것, 번져가는 것, 스미는 것

뿔피리 하나 부는 것, 뿔피리로 반점을 찍다가

그냥 무기도 없이 맨발로 딛고 가서

여름에 닿는 것

오, 대상포진이 섭씨 30도 여름을

붉게, 스쳐 찌르르 간다

어깨의 그 어깨같이 무릎 연골의 그 연골같이

여드름의 그 서투른 상처같이 오돌돌 물집같이.

섬, 그리고 섬

사랑이여
사랑은 섬으로 가 있는가
섬으로 다 건너가 저녁 무렵 노을에 젖고 있는가

섬 가운데 섬처럼 의연히 물결이다가 일렁이다가
아득한 노을 너머 그리움이 되고 있는가

나는 섬이라면 그 이름을 적어
사랑에게 드리고
갈매기처럼 빙빙 돌거나 등대처럼 기다리는
사람,

섬은 아깝고 애틋한 것
꽃철에 꽃으로나 내리는 땅이거늘
나는 그 섬에 사랑의 쪽지를 놓고 돌아가네

배는 흔들리고 바람 불고

사랑이여 아직 살아보지 못한 섬에게 손 흔들어

인사할 수는 없네

아, 사랑의 일기는 밤하늘 별들이 쓰고

나는 별자리와 별자리 오가며 일기를 읽으리라

한 줄의 아리는 아름다움이 있는가 있다면 사랑이여

사랑의 행간에 있네

4부 기행 시편

동유럽 기행 1
── 찰스부르크에서

천재 음악가 모차르트 생가를 올려다보았다
이미 낯익은 집,

그가 세례받았던 성당으로 가 조배했다
음악은 신으로부터 오는 것이라 하고
은총으로 오는 것이라 하고
아버지가 가르쳐 준 성모경 기도를 바쳤을까

그가 바쳤을 기도문 따라
나도 은총이 가득하신 마리아님 하고 기도했다
거기 덧붙여 '주의 기도'를 무릎 꿇고

무릎으로 바쳤다

세상 사는 일들이 줄 줄 흐르는 천재의 음악으로
흐르지 못하는,

내 가족, 내 수족 같은 사람들을 위해
무릎은 피 흐르고 닳고 부서져도 좋다고 생각했다

어느 때부터일까
천재는 있고 무덤은 없는 것처럼
내 꺾이는 무릎은 없고
음표로만 적히어 흐른다면 좋다고 생각했다

동유럽 기행 2
— 바트 메르겐하임의 밤

프랑크푸르트에서 2시간 고속도로를 달려 도착한
오래된 소읍이다
16세기에 세운 십자고상이 있고 도로는 잔디밭에 난
길처럼 자유롭다

오늘 저녁은 오래 오래 기다렸다는 듯이
호텔 빅토리아를 우리에게 내어놓고 몇몇 집
레스토랑이나 선술집에 외등을 켠다

어디서 온 사람들일까 다음 도시로 가는 길목에
주막 같은 데 들러
한 순배 하고 가겠다는 계산인 사람들
간간이 경상도 사람 같은 목소리 내며 소읍을 흔들어 놓는다

그 건너 켠에 극장 하나 잠들어 있다가
섬뜩 놀라서 깬다
개봉박두라는 소리로 들었을까
문 앞에 개점휴업 무료히 서 있던 가로수 하나
그도 바람에 쏠리며
필름 돌아가는 소리 낸다

동유럽 기행 3
— 벨베데르 궁전

화가 구스타프 클림트*가 사는 집
그의 그림의 여자가 사는 집

누드는 그의 여자가 등극해 산다
옷을 걸치고 있는 여자는 우아하고, 눈을 뜬다
옷을 벗기고 나면 비로소 여자는 눈을 감는다

눈 감고 여자는 세계의 집이 되거나
태풍의 베란다다

옷 벗고 단 한 번 눈을 뜨고 정면을 바라본다
하느님을 노려볼 때다

* 구스타프 클림트 : 1882-1918 오스트리아 화가

동유럽 기행 4
— 헝가리 시편

다뉴브강은 여전히 흐르고

내 생각은 멈추고 있다

강은 생각으로 들어가서도 흐르고

나와서도 흐르고

도시에서 제일로 높은 곳 겔레르트 언덕에 오르고

겔레르트 수사의 따뜻한 가슴께로 가서 흐르다가

탑으로도 오르내리고

언덕을 적시고 있다

강으로 흐르지 못하는 사람들을 위해 다리는 놓이고

다리가 다리를 낳고 다리 아래 유람선이 흐르고

연주되지 않는

악기로 엎드려 지내던 국민들의 심금도 흘러내려

강가의 의사당

강가의 왕궁, 마차시교회

바라보면 풍경이다

풍경이 흐르는 곳 그 사이로 도시는 참으로

유폐된 공주처럼

슬프고도 아름답다

건너다니지 못하는 시민과 민주와 자유가 있는가,

강이 흐른다

동유럽 기행 5
── 체스키 크룸로프

성에서 내려다보라

완결된 한 편의 동화로 불붙고 있다

브로치같이 작은 강이 골목 대신 하회로 노닐고

칸막이 없는 정열이 물빛으로 뻗어 들어가는 것이

보이고

그 뒤로 빠져나오는 흔적이 없다

불붙고 있으리라

성곽 높이 영주가 살았다 하지만

동화가 뿜어 올리는 환상의 그림에 어려 오를 뿐

도시의 캐릭터는 내려다보는 자의 눈 또는

입이다

인간들은 하회의 맥박 속으로 들어가 사는 동안

세상을 버리지 않고 흘러가고 흘러올 수 있다

몸을 움직이지 않는다 하여 목숨이 소진되었다고
말하는 사람은 없다

성에서 내려다보라
지붕 밑에 사는 사람들이 지붕 위로 올라와
지붕이 하고 싶은 말을 하고 있다
광장으로 날아들기도 하여 광장이 하고 싶은 말을
비둘기처럼 구, 구, 구 옮겨 놓기도 한다

동유럽 기행 6
— 그 집의 이름에 당도했다

찰스부르크에 와
한 번은 들어가야 한다는 집 카페 토마셀리

삼백 년이 된 거미줄 이력이 있다는 집
기침하는
모차르트 아버지가 단골로 드나들었다는 집

커피 멜란지로 커피를 원하는 입과 입천장이 행복해지는
집
마시는 동안 눈썹이 가늘게 떨리며
머리칼이 어둠에서 오히려 더 미끄덩 미끄덩거린다는 집

신사는 한 컵으로 부풀고
숙녀는 한 모금으로 야해진다는 야릇한 집

실내는 사람들로 붐비지만 음악은 사람들의 수준보다 높고

사람들 품위의 허리 붙들고

지나간다는 집

오, 그 집에 왔다

그 집의 이름에 당도했다

동유럽 기행 7
— 장크트 길겐

나는 오스트리아의 사임당, 그녀의 집에
왔다
아직 아무도 모차르트를 키운 안나 마리아를
사임당이라 부른 사람은 없다

생애의 업보처럼 자식의 성취를 위해
살았던 그녀,
59살 되던 해 22살 아들의 파리여행에 동행했다가
말이 다른 이국에서
방이 어둡다, 방이 한없이 차다, 남편에게
편지 쓰고 죽은 그녀

열병으로 죽은 그녀

파리는 음악으로는 한없이 답답했던 시대
신동을 외면하던 거친 시대
시대에 분통이 터져 열병이 났을까

그녀의 집은 사연의 일부 느낌으로 왔는지
7월의 더위를 푹 푹 뿜어내고 있었다

뒤에 아들은 결혼하고
어머니 없는 연대를 살고 눈은 쾅쾅 내리고
눈 속으로 들어가 죽었다 죽음은 아직 흰 빛깔 하나로
쓸쓸하여

사임당의 마을, 마냥 열이 솟아 푹 푹 찌는 것일까
그녀의 집
앞에서
가슴 아리는 사진 한 컷, 눌렀다

북유럽 기행 1
— 생트페트로부르크

밤늦게 생트페트로부르크에 닿았다

러시아의 첫 선물은 싸락눈이다

유럽의 관문에 눈이라니, 30분간 공항에서

근교 호텔로 오는 동안

베드로와 레닌이 뇌리에 들어와

다투고 있다

한 자매가 외투 옷깃을 올리며

시베리아다, 하고 외치자

싸락눈이 진눈깨비로 바뀌기 시작했다

북유럽 기행 2
— 핀란드 헬싱키

1952년 전시 중

우리나라 최초로 참가한 헬싱키 올림픽

내 지리산 아래 초등 3학년 때

무성영화로 보았었지,

오늘 그 메인스타디움을 찾아왔다

60여 년이 지났는데 필름이 쌩쌩 돌고 있다

시설, 장난감 같다

사상 최대 육상의 신화를 연

PAAVO NURMI 선수

청색 조각상으로 근육 불끈거리며 트랙을 돈다

그가 올림픽 해설사다

세계의 기억은 한 마리 갈매기로 날아와

북구의 핀란드

세 글자를 쫑쫑 쪼고 있다.

북유럽 기행 3
— 오슬로에 왔다

입센 선생,
그대 머리칼에 부는 바람 만나기 위해
그대 시대에 부는 바람
그대 진보에 깃드는 바람
아직 살아남아 있는가, 감각해 보기 위해

그대 아직 오후 1시에
어김없이 그랜드 카페에 나가는가
노르웨이 언어로 연출하는 무대에 자주
아주 자주 오르는가,

그대 인형을 들고 있는 여성들 만나고
들녘 같은 데로 쏘다니는 페르귄트, 그의
겨드랑이에 솟는 땀내 맡고 있는가
그대 시켜서 작곡한 그리그의 솔베이지,
그 음률에 나른한 오후가 되는가 나른함을
진단해 보기 위해

오슬로에 왔다, 나는

오 헨리크 입센 선생

그대는 국립극장 왼 켠의 동상으로 서고

오른 켠 동상으로 서 있는 저 근엄한 작가 비에른손

그를 곁눈으로 보고 서 있는가

그대에게 단 하나의 동시대가 있다면

콤플렉스가 있다면

곁눈으로 들어오는 그일까 아닐까 눈대중하기 위해

마침내 오슬로에 왔다

한 떼의 여성들이 카를 요한 거리를 지나가고 있다

남자들은 한참이나 뒤에 그쪽을 향해

종종, 따라나서려 한다

발칸반도 기행 1
— 류블리아나

슬로베니아 수도이다
작은 프라하,

구시가지에 들어가는 순간
중세기가 시작된다

중앙광장에 서 있으면 곧 남의 나라 프라하
카를교를 건너가려는
몸짓,

그러나 류블리아나는 류블리아나
슬라브 민족시인 프란체 페레세렌의 못 이룬
사랑이 그의
동상의 눈빛으로부터 흘러나온다

도시는 오래 무거운 역사를 지고 있으나
광장은 비둘기 구 구 울고
시인의 그리움은 살아서 늘 슬픔의 돛을 달고
건너편 율리아 동상 쪽으로
가고 있다

발칸반도 기행 2
— 블레드 섬

김일성이 다녀간 슬로베니아 블레드 호수
티토와 짝이 맞아 일정에 며칠 더 보태고
갔다는데

지구상에서 제일 좋은 볼프강 호수의
자매 같았다

나룻배를 타고 섬으로 저어갔다
섬 꼭대기에 성당 하나 우뚝 솟아 있고
그곳에서 종을 치며
몇 개의 소원을 빌었다

성당 이름이 성모승천성당이었다

발칸반도 기행 3
—— 포스토니아 동굴

말 밖의 일

시간 밖의 일

사상 밖의 일,

궁금하지만 묻지 말아라

묻고 대답할 일이 아니다

책에 없는 첫사랑처럼

첫사랑의 가슴처럼

발칸반도 기행 4
— 자다르

자다르, 그대에게 미안하군

지나가는 것이 세상이지만

그대의 해안선

그대의 수호성녀 아나타시아 주교좌 성당

파도의 연주와 씨오르간

그것들을, 지나가버리고 싶은 문자처럼

지나가는 것이 미안하군,

자다르, 그대는 내 들고 있는

아이스크림이 아니라

스케치북이 아니라

일용할 것들의 그릇 같은 것

그릇 속의 말씀 같은 것

오, 미안하군,

발칸반도 기행 5
— 트로기르

그대,
어디 있다가 아무 준비 없는 내게
불쑥, 나타나 보이는가요

마지막 능선을 지나 딱 고개 넘어서는데
강 같은 바다 건너 쪽
작은 단칸짜리 이어지는 빨간 지붕,

지붕과 지붕이 설레고 집과 집이
서로가 서로를 그리듯이 나란히 있고
기슭으로 성큼 내려설 듯한, 처가집이 있는 듯한
햇볕, 아지랑이 머금고
내게로 달려오는 모양의 골목길 곁에 유리창,
그대
유리창을 열어주고 싶구요

이쪽 시가지로 내려서고 달리고

나무 가지런한 해변로, 좌회전하여

다리 건너는 때

나는 그대

그대의 하나뿐인 다리가 되고 싶구요

마알간 바다, 그대 켜는 눈빛이 되고 싶구요

발칸반도 기행 6
— 두브로브니크

사람은 성을 쌓고

지키고 하나로 살고 싶었다

신을 중심으로 신에게로 가는 길

적敵은 그 길에서 개미같이 기어오르고

바다는 푸른, 친애하는 친구였다

어찌할 수 없는 것

지진,

무너지고 흔들리고 기울어지는 것일 때

삐에타, 아들을 안고 있는

어머니,

지상은 단 하나

어머니를 어찌할 수 없었다

발칸반도 기행 7
— 스플리트

로마를 지배한 디오클레티아누스

그대 여생을 스스로 지배하기 위해 지은 집

그 집에 백성들이 들어와 산다

액자 같은 도시,

오 권위에 평등이 들어와 산다

평등이 성당의 종소리 내고 산다

발칸반도 기행 8
── 메주고리에

1.

십자가 아래

그 여인이 나타나셨다는 곳

나도 기어코 그곳에 와

십자가와 여인 아래 섰다

여인이 나타나자 세상이 흔들렸었다

나도 그때처럼 흔들렸다

2.

사백호 남짓 작은 산골 마을이

세상의 마을이 되다

세상에서 연일 몰려오는 사람들

몰려와 그들의 방언으로 기도하는 사람들

그들 방언의 천국이 되다

3.
메주고리에의 선언이여
평화여

나는 나의 평화만 한 줄로
요약했다

오, 메주고리에와 나와의 사이
머흘다

그 사이를 지나
돌아오는 길
돌아가는 길의 시작이다

발칸반도 기행 9
― 세 나라의 미사

발칸반도로 가

세 나라의 세 나라 미사를 드렸다

경문은 같고 언어가 다를 뿐

성부와 성자와 성령은 같고

언어는 슬로베니아, 크로아티아, 보스니아의

것이다

기도와 지향은 같은데 미사의 마디와

마디

끊어서 듣고 끊어서 이해할 뿐

코리아의 신도는 코리아의 언어로 마디를 따라다녔다

아, 주님은 왜 나라에 따라 종족에 따라

언어를 따로 주시고

서로 다른 언어로 기도를 받으실까

크로아티아 주교좌 성당의 사제는 카랑 카랑

음악미사를 드렸다

음악이 언어를 달래며 기도의 높낮이를 오르내렸다

어느 샌가 마디가 없어졌다

※ 해설

경계를 넘는 순례의 길, 혹은 포괄의 시

이상옥(시인, 베트남 메콩대 교수)

강희근은 사물 중심의 풍경시에서 언어를 이끌어가는 유장함에는 서정주적이고, 풍경의 해체적 재교율은 김춘수적이고, 서러운 정서적 미감은 박용래적이라는 평가를 받을 만큼 포괄의 시로서 그의 풍경시는 이미 70년대 한국시의 한 진경이었다. 이후 가톨릭 신앙과 역사와 현실 등으로 시적 관심을 끊임없이 확대해 나갔다.

등단 55주년을 기념하는 이번 시집에서는 무엇보다 경계나 범주에 갇히지 않는 자유로움이 돋보인다. "진리가 너희를 자유케 하리라"라는 성서의 말씀이 여기 적용된다 해도 좋다. 이미 강희근에게는 일상적 자아와 시적 자아의 구분이 무의미하다. 일상과 시의 경계를 자유롭게 넘나드는 것이다. 형이상과 형이하의 경계도 그에게는 무의미하다. 나아가 그에게는 시와 산문의 구획마저 넘어선 듯하다. 그만큼 그의 시를 읽다 보면 막힌 데 없이 유려하게 흐르다가 때로 굽이치기도 하고 심연의 깊이로 흐르기도 하는 조화에 금방 마음을 빼앗기게 된다. 그의 시 앞에서는 오늘 시의 문제인 난해와 상투의 양극화도 금방 지워져 버린다.

시가 궁극으로 가면 종교의 영역에 도달한다고 할 때 이번 시집의 시들은 지상에서 구획해 놓은 경계를 넘어 사통팔달 순례의 길로 뻗친다. 그 순례의 길에는 일상도 종교가 되고 종교도 피가 흐르는 일상으로 드러난다.

어디엔가로 가
이름 없는 풀이거나 풀꽃이거나 들녘의 이슬이거나
이슬로 역사를 쓰는 여치의 기다란
다리, 꺾어서 걷는 생소함의 한낮이거나

머리카락 난발에 이는 바람이거나
깃발이 아니면서 깃발이거나
청춘이거나 돌림병이거나

헐떡이는 혓바닥이거나

고린토 아골라 맨바닥에 싸돌아다니는

여러 토종개들의 흐르는 순례이거나

겨우 겨우 빠져나가는 운하이거나

―「시가 어디엔가로 가」일부

 시가 가는 길을 제시하고 있다. 강희근에게 시가 가지 않는 길은 없다. 시가 어디엔가에 열심히 봉사하고 있는 것일까라고 묻는 거로 봐서 봉사할 수도 있고 그냥 놀 수도 있다. 남수단의 검은 살갗 지니고 사는 사람들의 맑은 눈동자가 시일 수도 있고 남수단 아이들의 부라스밴드 리듬일 수도 있다. 프란체스코가 도달했던 허리 질끈 동여매고 살아내는 맨발이거나 맨발에 풀풀 날리는 먼지가 시일 수도 있다. 그 외에도 이름없는 풀이거나 풀꽃이거나 들녘의 이슬이거나 이슬로 역사를 쓰는 여치의 기다란 다리, 꺾어서 걷는 생소함의 한낮일 수도 있다. 머리카락 난발에 이는 바람이거나 깃발이 아니면서 깃발이거나 청춘이거나 돌림병이거나 헐떡이는 헛바닥이거나 고린토 아골라 맨바닥에 싸돌아다니는 여러 토종개들의 흐르는 순례이거나 겨우 겨우 빠져나가는 운하이거나 제국주의의 반제국이거나 단칸 감옥이거나 그 속의 별이거나 이빨이거나 창이거나 햇빛 같은 것이 시라고 말한다. 이 시는 강희근 시력 55년 시의 길의 지도라 해도 좋다. 한 마디로 강희근의 시의 지도는 경계를 넘어 포괄적이라 할 것이다.

강희근이 55년 동안 줄곧 따라 간 시의 길은 이렇듯 아름답게 혹은 아프게, 사소하게 혹은 심장하게, 낭만적 혹은 현실적, 일상적 혹은 초월적으로 매우 복잡하고 여러 갈래로 얽혀 있기도 하다. 이번 시집은 시의 여정의 거의 절정 부분에 해당하는 것일까. 아직 가야할 길이 남아 있겠지만 그간의 축척된 완미한 강희근 시인의 화룡점정을 찍는 완숙한 경지를 보인다.

주말이면 이스탄불의 어둠 적막한
삐에르 로띠 언덕에나 갔으면 싶다
―「주말」일부

시의 도입부 2행이다. 대뜸 주말이면 이스탄불의 어둠 적막한 삐에르 로띠 언덕에나 갔으면 싶다고 말한다. 강희근은 초기에 순수 서정시로 출발했는데, 55년의 시력에서 보이는 서정의 공간 확장은 대단히 활달하다. 진주에서 이스탄불로의 삐에르 로띠의 슬픈 낭만으로 갑자기 순간 이

동한다.

  19세기말 프랑스 병사 삐에르 로띠와 오스만 투르크 왕조의 궁녀 아지아드의 비극적 사랑의 현장이다. 떠난 이를 기다리다 자결한 죽음의 장소가 바로 삐에르 로띠 언덕이다. 시의 화자는 언덕이라도 가슴 시린 사람들의 묘역이면 기다리는 고독이 고독을 넘어서 버린 묘역이면 주말에 잘 어울릴 것이라고 말할 만큼 역설적이고 거침이 없다. 아시아와 아시아 아닌 대륙 갈라놓은 바다 그 사이 해협이라는 이름의 고독이 절름거리는 그곳이 바라보이는 언덕, 즉 삐에르 로띠 언덕에나 갔으면 싶다며 공간의 확장성 또한 탈경계적이다. 그러면서 어김없이 찻집 이름은 아지아드라야 한다고 말하며 차림표는 커피와 과일차로 나뉘고 프랑스에서 온 청년이나 그 이웃나라에서 온 청년이 마시는 커피라면 그 커피류를 고를 것이라고 청춘의 낭만을 불러온다. 이렇게 주말이면 이스탄불의 밤, 화자를 아는 사람의 아는 사람마저 없는 머나먼 실크로드의 끝에서 보내고 싶다 한다. 그리고는 그 끝이 언덕이라면 언덕에 밀리는 적막이라면 적막도 이름 달린 세기의 상표가 될 수 있을까, 삐에르 로띠 그 이름이 될 수 있을까라고 낭만성의 주인공을 스스로 꿈꾸어 보기도 한다. 삐에르 로띠에 강희근을

투영하며 낭만적 정취를 노래한 작품이다. 초기의 순수 서정과는 다른 관록이 느껴지는 강희근의 신서정이라 해도 좋다.

자다가 깨다가
월간지를 구상하는데
김동리 선생이, 선생의 생각이 다녀가셨다
선생의 감각이 흰 눈처럼 다녀가셨다

문예지를 구상하는데
조연현 선생이, 선생의 생각이 다녀가셨다
선생의 감각이 노을처럼 다녀가셨다

쌓았다가 무너뜨렸다가
순문예지를 그리는데 한쪽 모서리부터 그림의
윤곽이 보이기 시작했다

선생들의 고뇌일까 흰 눈일까
선생들의 비전일까 노을일까

생각은 잠시 선생들의 마을을 지나

마을 뒤의 언덕을 넘어 골짜기로 골짜기로 들어가고

있다

아, 자다가 깨다가 선생들의 잠 속에서 선생들의

시대가 다녀가셨다

빛깔과 향기와 고뇌와 슬픔 같은 것

다녀가셨다

—「구상」전문

  강희근은 시론 교수이기도 하지만, 문예지 편집자 역할을 하기도 했다. 그는 경남문인협회장, 경남가톨릭문인협회장, 경남시협회장, 국제펜클럽 한국본부 부이사장, 한국문인협회 부이사장 등을 지내며 월간『문학』같은 한국문단의 중추 문예지의 편집자로도 일했다. 화자는 자다가 깨어서 월간지를 구상하다 문득 김동리 선생의 생각이 다녀가고, 문예지를 구상하는데 조연현 선생이 다녀갔다고 말한다. 한국문단의 정점에 서서 한국문단을 주재하던 김동리, 조연현 선생의 고뇌와 비전이 화자 자신에게도 투영됐음직하다. 생각은 잠시 선생들의 시대, 선생들의 마을을 지나 마을 뒤의 언덕을 넘어 골짜기로 들어가고 있다는 것은 무엇을 말하는가. 한국문학사의 압축된 한 풍경을 보는 듯하지 않는가. 어느새 거장들의 고뇌가 화자 자신의 그것과 동일한 맥락임이 드러난다. 강희근은 진주에서 서울을 매주 오르내리며 한국 문단의 거장들이 그랬듯이 한 동안 편집 일에 골몰하기도 했던 것이다. "목동에서 사람 만나고/ 목동에서 커피를 마신다// 목동에서 밥을 먹고/ 목동에서 편집을 한다// 편집 일이 내 시대의 중심이다"(강희근,「목동시대」일부) 한국문협이라는 한국 최대 문인단체의 기관지인 월간『문학』을 편집하며 한국문학이 눈부시게 성장한 반면에 아이러니컬하게도 쇄락한 한국문학의 역설적 현실을 바라보며 거장들의 고뇌가 바로 화자 자신의 것임을 동감하며 "빛깔과 향기와 고뇌와 슬픔 같은 것"을 느끼는 것이다.

김종길 선생을 찾아 수유리로 갔던 얘기에도 거장들을 호명한다. "석하石霞 선생을 뵈러 수유리로 갔다/ 댁에서 밖으로 나오시는데/ 선생의 어깨를 딛고 육사와 지훈이 더불어/ 나오는 것 같았다// 뒤에는 청마와 미당이 따라 나오는 것 같았다// 동네 카페에서 차 한 잔씩 나누는데/ 선생은 줄곧 육사 이야기를 하셨다// 육사가 북경에서 순국

하기 전에/ 수유리 언저리 이민수의 집에서 자주 시회詩會를/ 열었던 이야기,"(강희근 「석하石霞 선생」 일부)

시력 55년의 강희근 시인은 어느 새 한국문단의 정점에서 한국문단 전체를 아우르고 근심하는 위치에 다다른 것이다. 이 시집에서 유독 한국문단의 기라성들을 호명하는 이유가 여기에 있다. 일본 현지에서 윤동주를 만나는 연작시를 쓰고, 친구 시인 이승훈의 부재를 아프게 노래하고, 동유럽, 북유럽 기행 시편 등을 통해 한국을 넘어 세계를 주유하는 강희근의 모습은 공간의 경계마저 넘어서는 자유로운 시공간과 상상력의 확장을 웅변한다 할 것이다.

길은 꿈이 아니라 걸어가는

것

발이다

발은 그 자리 있어서 생애, 시간, 노을

리디아 푸르푸라리아는

필립비 사람 필립비의 길

동트는 아침에서 설레는 저녁까지의
길
거기 물이 흐르고 흐르면서 아름다운
태초,

나는 태초가 되고 싶었다

태초는 점 하나에서 선, 선에서 둘레
이어 이르는 영혼의 거점이여
경당은 조용했다

리디아 푸르푸라리아는 여자이므로
깃발,
사탕,
그리고 사랑의 사투리

말씀으로 가는
길,
하나
―「리디아에게로 가는 길」 전문

이 시집 표제시다. 유럽 최초의 신자로 알려진 리디아에게는 가는 길이다. 바오로 일행은 지각티스Zigaktis 강가에서 자색 옷감장사 리디아를 만나 복음을 전했다. 리디아 기념 경당은 바오로가 리디아를 만나 복음을 전하고 세례를 준 것을 기념해 그리스 정교회에서 1972년에 그녀를 성인으로 추인하고 1974년에 건립하여 매년 5월 20일 리디아의 축일로 지켜오고 있다.

강희근은 길은 꿈이 아니라 걸어가는 것으로 발이라고 말한다. 발은 생애, 시간, 노을의 표상으로 나타난다. 유럽 최초의 리디아에게로 가는 길은 꿈이 아니고 현실이다. 아시아 대륙에 속하는 이스라엘에서 발원한 그리스도교가 서양의 종교로 일컬어지는 것은 그리스도교 복음이 유럽으로 건너가서 그곳에서 뿌리를 내리고 성장했기 때문이다. 그 단초가 리디아이다. 강희근에게 형이하학과 형이상학의 경계는 무의미하지만 이번 시집에서 보이는 성지 순례의 길은 시인 강희근이 시를 따라 걸은 궁극점에 거의 도달한 것으로 봐도 좋다. 리디아 푸르푸라리아는 필립비 사람으로 필립비의 길이다. 그 길은 동트는 아침에서 설레는 저녁까지의 길이다. 강희근의 시의 길이 순례의 길이라고 할 때 그의 시의 길에는 경계의 벽이 없다. 세상의 모든 것을 콘텐츠와 형식 모두의 것으로 수렴 포괄하여 강희근의 것으로 만들어내는 것이다. 유럽 최초의 가톨릭 신자 리디아에게서 시발하여 그리스도교가 서양의 종교라는 말을 듣는 것이라면 리디아에게로부터 물이 흐르고 흐르면서 서양을 적시고 세계를 모두 적신 것이기에 리디아는 아름다운 태초이다. 강희근도 태초가 되고 싶었다고 말한다. 태초는 점 하나에서 선, 선에서 둘레 이어 이르는 영혼의 거점이기 때문이다. 그 길은 곧 말씀으로 가는 길이다.

강희근 시인은 1943년생으로 약관을 갓 넘긴 20대 초반에 1965년 〈서울신문〉 신춘문예로 등단하여 등단 55주년을 맞는 지금 점 하나에서 시작한 그의 시가 이제 영혼의 거점이 될 만큼 거대해졌다. 80년대 이후 대한민국에서는 문사적 전통이 사라졌다는 진단이 이미 있었고, 또한 멀티미디어 시대의 진입으로 시인이 더 이상 문사로서의 대우를 받지 못하는 일상적 시인의 시대의 도래로 시인의 아우라가 현저히 축소돼 버린 시대에도 '시인 강희근'이라는 이름은 아직도 영롱하다.

시인으로서 최고의 엘리트 코스를 밟아 온 강희근 시인! 한국 최고의 산인 지리산 자락의 금서초등학교를 졸업하고 경남 최고 명문인 진주중·고등학교의 문예반을 거쳐

서정주, 양주동, 조연현 같은 한국문단의 중추가 교수로 자리한, 당시 한국문학의 본산이라고도 불린 동국대 국문과 재학 중, 화려하게 문단에 나왔던 것이다. 30대 초반에는 경남의 거점대학교인 국립 경상대학교 국문과 교수가 되었다. 일찍부터 시인 교수로서 자신만의 단단한 시학을 구축해 왔다. 흔히 그의 시의 특징을 '포괄의 시'로 일컫는다. 그만큼 오랜 시작 활동과 시론을 단련을 통해서 동서고금의 시적 자산을 자신의 자양분으로 섭취하여 거대한 세계를 건축하였다는 말이다. 시력 55년에 시인은 시의 일생을 이룬 셈이다. 인생 연륜의 파노라마 너머 시적 연륜이 무지개로 펼쳐지는 진경을 볼 수 있다는 것은 복된 일이 아닐 수 없다.

강희근의 시의 길이 순례의 길이라고 할 때 그의 시의 길에는 경계의 벽이 없다. 세상의 모든 것을 콘텐츠와 형식 모두의 것으로 수렴 포괄하여 강희근의 것으로 만들어 내는 것이다. 유럽 최초의 신자 리디아에게서 시발하여 그리스도교가 서양의 종교라는 말을 듣는 것이라면 리디아에게로부터 물이 흐르고 흐르면서 서양을 적시고 세계를 모두 적신 것이기에 리디아는 아름다운 태초이다. 강희근도 태초가 되고 싶었다고 말한다. 태초는 점 하나에서 선, 선에서 둘레 이어 이르는 영혼의 거점이기 때문이다. 그 길은 곧 말씀으로 가는 길이다.

4
현대시학 기획시인선

리디아에게로 가는 길

초판 1쇄 발행　　2020년 4월 20일

지은이	강희근
발행인	전기화
책임편집	문지현
표지	석윤이

발행처	현대시학사
등록일	1969년 1월 21일
등록번호	종로 라 00079호
주소	서울시 종로구 윤보선길 23 (안국동)(우.03061)
전화	02-701-2341
블로그	http://blog.daum.net/hdsh69
이메일	hdsh69@hanmail.net
배포처	(주)명문사 02-319-8663

ISBN　　979-11-86557-63-1　03810

○ 책값은 뒤표지에 있습니다.
○ 이 책의 판권은 지은이와 현대시학사에 있습니다.
　이 책 내용의 전부 또는 일부를 재사용하려면 반드시 양측의 서면 동의를 받아야 합니다.
○ 잘못 만들어진 책은 구입하신 서점에서 교환해드립니다.

경남문화예술진흥원 이 시집은 경남 문화예술진흥원의 문화예술 지원을 보조 받아 발간되었습니다.